Michael Strecker

Potenzial von Single Sign-on bei Webapplikationen

Eine Analyse anhand Java-basierter Lösungen

Michael Strecker

Potenzial von Single Sign-on bei Webapplikationen

Eine Analyse anhand Java-basierter Lösungen

GRIN Verlag

Bibliografische Information der Deutschen Nationalbibliothek: Die Deutsche Bibliothek
verzeichnet diese Publikation in der Deutschen Nationalbibliografie; detaillierte bibliografische Daten sind im Internet über http://dnb.d-nb.de/ abrufbar.

1. Auflage 2010
Copyright © 2010 GRIN Verlag
http://www.grin.com/
Druck und Bindung: Books on Demand GmbH, Norderstedt Germany
ISBN 978-3-640-77439-5

Potenzial von Single Sign-on bei Webapplikationen - Eine Analyse anhand Java-basierter Lösungen

Michael Strecker
Bachelorarbeit II

Jahrgang WI07

Potenzial von Single Sign-on bei Webapplikationen - Eine Analyse anhand Java-basierter Lösungen

Bachelorarbeit

zur Erlangung des akademischen Grades
Bachelor of Arts in Business (BA)

Eingereicht an der
Fachhochschule Kufstein Tirol
Studiengang Wirtschaftsinformatik

Vorgelegt von
Michael Strecker

02. Juli 2010

Inhaltsverzeichnis

Abbildungsverzeichnis

Abkürzungsverzeichnis

AA . . . . . . .Authentifizierungs-Autorität

IdP . . . . . . .Identity Provider

LDAP . . . . . .Lightweight Directory Access Protocol

OP . . . . .OpenID-Provider

OS . . . . .Open-Source

SA . . . . .Serviceanbieter

SAML . . . . . .Security Assertion Markup Language

SOAP . . . . . .Simple Object Access Protocol

SP . . . . .Service Provider

SSO . . . . . . .Single Sign-on

ST . . . . .Service Ticket

TGC . . . . . . .Ticket Granting Cookie

Kurzfassung

Fachhochschule Kufstein

Studiengang Wirtschaftsinformatik

Kurzfassung der Bachelorarbeit Potenzial von Single Sign-on bei Webapplikationen -
Eine Analyse anhand Java-basierter Lösungen

Michael Strecker

Zielsetzung dieser Arbeit ist es, den Einsatz von Single-Sign-On-Lösungen bei Inter-
netdiensten bzw. Webapplikationen zu bewerten. Zunächst erfolgen die Definition
des Begriffs SSO und die Erläuterung des Funktionsprinzips, die Nennung von Vor-
und Nachteilen sowie zugrunde liegender Techniken wie Protokolle, Standards und
Konzepte. Weiters wird eine Auswahl an auf Java-basierenden Open-Source-Lösungen
vorgestellt, die anhand zuvor definierter Kriterien analysiert und miteinander verglichen
werden. Es wird unter Berücksichtigung der Ergebnisse des Vergleichs gezeigt, dass heu-
tige SSO-Lösungen prinzipiell ausgereift und für den alltäglichen Einsatz geeignet sind.
Dennoch bestehen neben der Vereinfachung der Anmeldung ohne weiterführende Maß-
nahmen auch diverse Nachteile, wie z.B. Sicherheitsrisiken und fehlende Redundanz,
die bei einem Einsatz berücksichtigt werden sollten.

02.07.2010

Schlagwörter: Single Sign-on, Web, Portale, Login, Anmeldung, Authentifizierung, Aut-
horisierung

Abstract

University of Applied Sciences Kufstein
Bachelor's Program Business Informatics
Short english summary of the bachelor's thesis Potential of Single Sign-on in Web
Applications - An Analysis by means of Java based Solutions
Michael Strecker

The goal of this thesis is to evaluate the usage of Java based Single Sign-On solutions in
internet services and web applications respectively. For that purpose, SSO is definied,
and the underlying technology is explained. An overview of advantages, disadvantages
and underlying, SSO-enabling technologies is given. The general part is followed by
an introduction to common open source java projects for SSO, and their usage will
be critically discussed with the help of a set of previously defined criteria. Finally, the
thesis shows that SSO solutions of today are robust enough for everyday use. But apart
from the ease of use, there are also some disadvantages like security risks or missing
redundancy, which need to be taken into account or cleared out when implementing
SSO.

02.07.2010

Keywords: Single Sign-on, Web, Portals, Login, Authorization

1 Einführung

Im täglichen Leben ist es seit jeher eine Notwendigkeit, sich gegenüber Dritten zu legitimieren. Sei es, um irgendwo Einlaß zu erlangen, oder an persönliche Dinge heranzukommen (z.b. Schließfächer in Banken oder Hotels), zu denen Fremde keinen Zugang haben dürfen. Erst durch den Zwang, sich authentifizieren/authentisieren zu müssen, entsteht die Sicherheit, dass nur der rechtmäßige Eigentümer bzw. Berechtigte Zutritt oder Zugriff erlangt.

Vor allem in der Geschäftswelt ist eine positive Authentifizierung/Authentisierung Grundlage für die tägliche Arbeit im Büro, welche mit der Anmeldung am Rechner bzw. der Firmendomäne beginnt, sich über die Nutzung diverser Dienste (z.b. Druckdienste, Netzwerkfreigaben) erstreckt und mit der Abmeldung vom System endet.

Eine in Melbourne in zwei mittelständischen Firmen durchgeführte Studie zeigt, dass die Nutzer dort primär über zwei Probleme bei der Anmeldung am System klagen: Zum Einen stört die Verpflichtung, das Passwort den Sicherheitsstandards der Firmen entsprechend oft zu ändern und sich somit ständig neue Passwörter merken zu müssen, und zum Anderen hindert die Tatsache, sich täglich mehrmals (abhängig von den zu nutzenden Resourcen) authentifizieren zu müssen, den Arbeitsfluß. Es wurde in beiden Firmen daraufhin Single Sign-on (SSO) (als alternative Schreibweise auch Single Sign-On oder Single-Sign-On), welches eine dienstübergreifende, einmalige Anmeldung erlaubt, eingesetzt, und die Veränderung der internen Geschäftsprozesse beobachtet. Die Studie kommt zu dem Schluß, dass mit der Verwendung einer SSO-Lösung eine Steigerung der Effizienz und der Produktivität einhergeht, da aufgrund der Vereinfachung des Logins weniger falsche Passwörter eingegeben wurden sowie weniger Zeit mit Anmeldungen zugebracht wurde[1].

---

[1] vgl. Yacano und Lynch, 2007

Die Ergebnisse der Studie lassen sich direkt auf die Vorgänge im Internet übertragen, denn hier herrscht die selbe Situation vor: In der heutigen digitalen Zeit, in einer vernetzten Welt, bestehen diese Anforderungen weiterhin, ist doch eine sichere Authentisierung/Authentifizierung Grundlage einer jeden Transaktion, die irgendeine Art von Konsequenz nach sich zieht. Daraus folgt jedoch auch, dass man sich für alle Dienste separate Zugangsdaten merken muss - für Emailkonten, Internet-Banking, Social Networks, Chat Rooms, Foren, geschlossene FTP-Server und viele weitere. Viele IT-affine Nutzer unterhalten darüber hinaus nicht nur eine Emailadresse, haben mehrere Bankkonten, halten sich in unterschiedlichen sozialen Netzwerken auf - und häufen so eine Reihe von Kombinationen aus Nutzername und Passwort an, die sich in manchen Fällen nicht selbst wählen lassen (beispielsweise weil der gewünsche Benutzername schon an jemand anders vergeben ist) oder gewissen Anforderungen genügen müssen (z.B. Mindestlänge von Benutzername und/oder Passwort) und dadurch in den wenigsten Fällen eine Kombination mit der nächsten übereinstimmt. Eine kurze Umfrage im Bekanntenkreis des Autors zeigt, dass oft Passwortlisten geführt werden, um nicht den Überblick zu verlieren. Nicht nur einmal wurde der Wunsch nach Möglichkeiten geäussert, die Anzahl der Anmeldedaten zu reduzieren bzw. vereinheitlichen zu können.

Single Sign-on wird diesem Wunsch gerecht. Der Einsatz ist aber nicht immer sinnvoll. Es gibt eine Anzahl an Anwendungsfällen, bei denen diese Lösung nicht zielführend oder schlichtweg nicht erwünscht ist. Als Beispiel sei hier das Internet-Banking aufgegriffen, bei dem es wichtig ist, sich vom Login über die Änderung von Nutzerdaten bis zur Durchführung von Überweisungen mittels TAN oder digitaler Signatur jedes Mal erneut zu authentisieren, um maximale Sicherheit zu gewährleisten und Missbrauch durch Dritte auszuschliessen. Es macht zwar Sinn, mehrere Konten bei einem Kreditinstitut mit einem Login verwalten zu können, jedoch sollte die Anmeldung bei unterschiedlichen Instituten aus Sicherheitsgründen immer separat erfolgen.

Nicht nur Banken, sondern ganz allgemein die meisten voneinander unabhängigen Systeme warten mit ihren jeweils eigenen Anmeldedialogen auf. Um sich nicht überall separat anmelden zu müssen, gibt es unterschiedliche Lösungsansätze, die alle ein Ziel verfolgen: Sich mit einer einmaligen Anmeldung für mehrere Systeme bzw. Dienste zu legitimieren. Hierbei kann man zwischen offenen und geschlossenen Systemen differenzieren. Geschlossene Systeme sind beispielsweise Firmennetzwerke, offene Systeme solche wie das von jedermann zugängliche Internet.

In dieser Arbeit werden offene Systeme im Internet (Web-SSO) näher betrachtet, der Fokus liegt konkret auf Java-basierten Open-Source (OS)-Lösungen. Es soll erörtert werden, ob diese Möglichkeiten, das Anmeldeprozedere bei verteilten Diensten durch die Verwendung eines einzelnen Authentifizierungsvorgangs zu simplifizieren und damit für den Nutzer komfortabler zu machen, sinnvoll sind. Welche Risiken treten dabei auf, und entstehen dem Nutzer dadurch auch Nachteile? Wie ist der aktuelle Entwicklungsstand bei OS-SSO-Systemen? Kurz gesagt: Ist es in der heutigen Zeit praktikabel, SSO-Lösungen im Internet einzusetzen?

Zur Beantwortung dieser Frage wird wie folgt vorgegangen: Zunächst erfolgt die Definition des Begriffs Single Sign-On, begleitet von einer kurzen Erläuterung zugrundelieger technischer Abläufe, die allen SSO-implementierenden Lösungen gemein sind. Auch Protokolle und Standards, die die behandelten SSO-Lösungen einsetzen, werden erläutert.

Darauf folgend werden aktuelle, frei verfügbare Open-Source-Projekte vorgestellt, die sich zur Lösung der Problemstellung eignen. Diese werden anhand einer Vergleichsmatrix mit zuvor definierten Kriterien im empirischen Teil gegenübergestellt, deren Tauglichkeit für den Einsatz unter verschiedenen Gesichtspunkten erörtert. Dieser Vergleich soll bei der Selektion von SSO-Lösungen für Internetportale bzw. Webapplikationen als Hilfestellung dienen.

Schließlich kommt es zu einem kritischen Resumée, und es wird, unter Berücksichtigung der erarbeiteten Ergebnisse des Vergleichs, die Frage beantwortet, ob Single Sign-On sowohl aus Anwendersicht als auch aus Entwicklersicht das Potenzial besitzt, eine sinnvolle Alternative zu separaten Logins zu werden.

2 Grundlagen

2.1 Definition Single Sign-on

Wie in der Einführung beschrieben, ist die separate Anmeldung bei unterschiedlichen Diensten zeitaufwändig und bedarf der Handhabung mehrerer Berechtigungsnachweise (im Englischen 'Credentials' genannt), wie unterschiedliche Kombinationen aus Benutzernamen und Passwörtern, digitaler Zertifikate oder andere Arten der Legitimierung. Die Verantwortung, Herr über alle benötigten Zugangsdaten zu bleiben und diese wo benötigt zur Hand zu haben, liegt auf Seiten des Nutzers.

Um das Prozedere vor allem für den Nutzer zu vereinfachen, gibt es das Konzept des Single Sign-ons. SSO ist der Überbegriff für eine Reihe von Technologien, die sich dem Anmeldungsmanagement widmen. Sie erlauben bei nur einer Anmeldung die Authentisierung für mehrere Dienste ohne den Zwang, sich jeweils neu anmelden zu müssen.

Die Open Group, ein unabhängiges Konsortium, definiert SSO wie folgt:

> *Single Sign-On (SSO) is mechanism whereby a single action of user authentication and authorization can permit a user to access all computers and systems where that user has access permission, without the need to enter multiple passwords. SSO reduces human error, a major component of systems failure, and is therefore highly desirable. However, it is extremely difficult to implement.* [2]

Man kann zwischen zwei Arten des SSO unterscheiden: Clientbasiertes SSO und serverbasiertes SSO. Ersteres bezieht sich auf SSO-Lösungen, die lokal auf einem PC ausgeführt

---

[2] vgl. The Open Group, 2010

werden und dort die Anmeldung an Applikationen regeln. Serverbasiertes SSO hingegen ist ein verteiltes Modell und baut auf eine existierende Netzwerkinfrastruktur auf[3].
Im Kontext dieser Arbeit ist grundsätzlich von serverbasierten Lösungen die Rede.

SSO-Systeme involvieren immer drei Akteure[4]:

1. Den Benutzer selbst, welcher die Anfrage stellt,

2. den Identity Provider (IdP), oft auch als Authentifizierungs-Autorität (AA) bezeichnet, der die digitalen Identitäten verwaltet und Nutzer authentifizieren kann,
   sowie

3. den Service Provider (SP) oder Serviceanbieter (SA), der den angeforderten Dienst
   für autorisierte Nutzer zur Verfügung stellt

2.2 Funktionsweise

Zur Nutzung von SSO muss sich der Nutzer zuerst bei einem sogenannten IdP registrieren. Durch die dortige Registrierung erhält er von diesem Dienstleister einen Satz
an Zugangsdaten, die er für die Nutzung der SSO-Funktionalität von Serviceanbietern
benötigt. Eine vereinfachte Übersicht des Anmeldeprozesses an einem SA mittels IdP
sowie die Beziehung zwischen diesen beiden Instanzen gibt Abbildung 1:

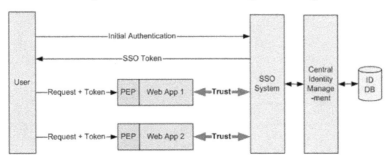

Abbildung 1: *Prinzip des Single Sign-Ons (Quelle: Sams, 2008)*

---

[3] vgl. Koch, 2006
[4] vgl. Class, 2009, S. 10

Die Anmeldung, also die Eingabe der Zugangsdaten, erfolgt einmalig bei einer sog. AA, welche für den Nutzer die weitere Anmeldung bei jedem einzelnen SA übernimmt[5]. Der Funktionsumfang als auch die verfügbaren Authentifizierungsmethoden der AA richtet sich nach dem eingesetzten Backend. Dieses kann beispielsweise ein Kerberos-Server (siehe Kapitel 2.4.2), Lightweight Directory Access Protocol (LDAP) oder eine relationale Datenbank sein. Die Gültigkeitsdauer der Anmeldung hängt von der jeweils eingesetzten Lösung und/oder deren Implementierung ab, genauso andere Features wie z.b. ein automatischer Logoff nach einer gewissen Zeit.

Der Anmeldevorgang läuft grundlegend wie folgt ab: Der Nutzer versucht, auf eine geschlossene Resource zuzugreifen. Der Anbieter wiederum fordert ihn daraufhin auf, sich zu authentifizieren. Anhand der Eingabe einer Nutzerkennung kann der SA zur entsprechenden AA weiterleiten, die für die Anmeldung zuständig ist und die Identität verwaltet. Nun gibt es zwei Möglichkeiten: Ist der Nutzer bereits dort angemeldet, schickt die AA an den SP eine entsprechende Antwort zurück, und der Nutzer wird dort automatisch eingeloggt (in der Grafik sind die SP dargestellt durch zwei unabhängige Dienste namens Web App 1 bzw. 2). Der Nutzer erhält in diesem Fall auf der Seite des SP zur Rückmeldung eine Anmeldebestätigung, ohne die Website der AA gesehen zu haben. Sollte der Nutzer nicht bei der AA eingeloggt sein, so wird ihn diese als Zwischenschritt zur Authentifizierung auffordern („Initial Authentication"), und ihn anschließend auf die Seite des SP zurückleiten[6].

Sofern es das der verwendeten SSO-Lösung zugrundeliegende Protokoll unterstützt (beispielsweise SAML, Kapitel 2.4.3), steht es dem Nutzer frei, sich entweder zuerst bei seiner AA zu legitimieren, um anschließend ohne weitere Anmeldeaufforderung direkt Zugang zu allen Resourcen zu erhalten, oder aber zuerst die Applikation aufzurufen, die ihn bei Bedarf einer Legitimation weiterleitet zur AA.

Sobald der Nutzer sich erfolgreich angemeldet hat, muss diese Information bei der AA vorgehalten und bei einer Anfrage weitergegeben werden. Die folgenden Anmeldevorgänge an jedem SA, bei dem noch keine Session für den Nutzer existiert, erfolgen vollkommen transparent. Je nach verwendeter SSO-Architektur können nebst der Anmeldeinformation auch weitere Daten für den jeweiligen SP übergeben werden, wie

---

[5] vgl. Nockemann, 2008
[6] vgl. Schönberg, 2007, S. 50ff

z.B. eine zuvor definierte Identität, die den vollständigen Namen, Geburtsdatum, Geschlecht und andere Dinge enthalten kann. Mit diesem Schritt kann unter Umständen die erneute Registrierung bei dem SA entfallen, da die Daten direkt übernommen werden[7]. Auf die Arten und Möglichkeiten der Übertragung dieser Informationen wird bei den entsprechenden Protokollen und Standards eingegangen.

Eine Grundvoraussetzung für das Funktionieren von SSO ist die Vertrauensstellung zwischen der Authentifizierungsdomäne (dem Identityprovider) und der Sekundärdomäne (den Serviceprovidern), in Abbildung 1 als rote Pfeile dargestellt. Da sich der SP immer auf den IdP verlässt, wird der SP auch als Relying Party bezeichnet. Der Vertrauensstellung bedarf es, da die Anmeldecredentials niemals die Authentifizierungsdomäne verlassen. Das bedeutet im Folgeschluss, dass der SP auch als Relying Party bezeichnet. Der Vertrauensstellung bedarf es, da die Anmeldecredentials niemals die Authentifizierungsdomäne verlassen. Das bedeutet im Folgeschluss, dass die besonders geschützt werden muss. Gruppieren sich mehrere um einen IdP, wird dies als „Circle of Trust" bezeichnet[8].

Bei Web-SSO läuft die Kommunikation zwischen AA und SA zum Austausch der Authentifizierungsinformationen bis auf wenige Ausnahmen indirekt über den Client. Das bedeutet, dass der Browser des Nutzers die Verbindung der beiden Instanzen herstellt. Zur Feststellung der Authentizität wird auf sogenannte Tokens zurückgegriffen, die in den HTTP-Header eingefügt werden. Dieses Verfahren ist plattformunabhängig[9].

Nockemann beschreibt diesen Mechanismus wie folgt:

> *Da nur Aussagen und keine konkreten Benutzerdaten ausgetauscht werden, kann man hier von einem token-basierten SSO-Mechanismus sprechen, wobei ein so genannter Sicherheitskontext ein Token repräsentiert. Ein Sicherheitskontext ist ein SAML-Konstrukt, welches dem SA garantiert, dass der Benutzer derjenige ist, für den er sich ausgibt, und dementsprechende Zugriffsrechte besitzt.*[10]

Der SP ist trotz der Vertrauensstellung zur AA verpflichtet, das erhaltene Token, sofern es im Header vorhanden ist, auf seine Gültigkeit zu prüfen. Ist es nicht vorhanden oder abgelaufen, muss automatisch die Weiterleitung zur AA erfolgen. Dieses Feature wird in Abbildung 1 als PEP (Policy Enforcement Point) bezeichnet[11].

---

[7] vgl. Class, 2009, S. 14
[8] vgl. Schönberg, 2007, S. 59
[9] vgl. Sams, 2008, S. 2
[10] vgl. Nockemann, 2008, S. 9
[11] vgl. Sams, 2008, S. 1

2.3 Vor- und Nachteile

2.3.1 Vorteile

Unabhängig von der eingesetzten Lösung bietet Web-SSO allgemein folgende Vorteile für den Nutzer[12] [13]:

Einmalregistrierung Wie in den Grundlagen (Kapitel 2) schon geschrieben, muss sich der Nutzer nur einmalig bei einem IdP registrieren, um SSO nutzen zu können.

Einmalanmeldung Der offensichtlichste Vorteil liegt bei SSO in der einmaligen Anmeldung, die für mehrere Systeme gültig ist. Dadurch wird Benutzerfreundlichkeit geschaffen.

Zeitersparnis Der Nutzer verbringt weniger Zeit mit der Eingabe von Credentials. Je mehr Systeme mit einer einzigen Anmeldung genutzt werden, desto eher kommt die Zeitersparnis zum tragen.

Verwaltung Der Aufwand zur Verwaltung der Zugangsdaten sinkt, da die Identität an einer zentralen Stelle hinterlegt ist.

Flexibilität Mit manchen SSO-Lösungen lassen sich bequem mehrere Identitäten verwalten.

Zufriedenheit Gesteigerte Zufriedenheit der Nutzer aufgrund der sinkenden Anzahl von zu pflegenden Credentials.

Sicherheit Die Sicherheit kann gesteigert werden, wenn der Nutzer anstelle vieler Passwörter nur ein starkes Passwort verwendet. Dieses wiederum muss nur einmal - bei der Initialanmeldung - angegeben werden.

Seitens des SA ergeben sich folgende Vorteile[14]:

Verwaltung Der SP kann auf die Führung einer Nutzerdatenbank verzichten, sofern die Authenthifizierung ausschliesslich über externe AA abgewickelt wird.

Kostenreduktion Durch den geringeren Verwaltungsaufwand und weniger Administrationsbedarf können Kosten gesenkt werden.

---

[12] vgl. Mink, 2003, S. 7
[13] vgl. Rummeyer und Düsterhaus, 2006
[14] vgl. Mink, 2003, S. 9

Flexibilität Der SP kann sein Angebot einem breiteren Publikum zugänglich machen, indem er mehrere Arten bzw IdP zulässt. Das senkt die Hemmschwelle der Nutzer, da sie sich nicht extra bei dem Dienst registrieren müssen, sondern ihre schon vorhandenen Identitäten nutzen können.

2.3.2 Nachteile

Es gibt jedoch auch einige Nachteile bei SSO-Lösungen[15]:

Angriff Die AA stellt einen einzigen Angriffspunkt dar (Single Point of Attack) und kann zum Ziel für Ausspähung oder DDoS-Attacken (Distributed Denial of Service) werden.

Ausfall Sollte der IdP einmal wegen eines Angriffs oder voller Auslastung nicht zur Verfügung stehen, so wird die Anmeldung bei allen Serviceanbietern, die über ihn genutzt werden, nicht mehr funktionieren.

Kompromittierung Wenn der Fall eintritt, dass sich ein Dritter Zugang zu einem Konto bei einem IdP verschafft (z.b. durch Phishing), so stehen ihm alle Dienste offen, die der Geschädigte mit dieser Identität nutzt. Gegebenenfalls hat der Angreifer auch Zugriff auch auf alle Identitäten des Opfers, sollte mehr als eine Identität in dessen Profil angelegt sein.

Profilerstellung Die AA kann im schlimmsten Fall anhand der gespeicherten SP eines Nutzers nachvollziehen, welche Dienste wann und wie oft genutzt werden, und so ein Nutzerprofil erstellen.

Neben den allgemeinen Vor- und Nachteilen hat jede Software, die SSO implementiert und dabei auf verschiedene Ansätze zurückgreift, andere Eigenschaften. Sie unterscheiden sich in der Komplexität, nutzen unterschiedliche Protokolle und weisen andere Funktionsumfänge auf. Auf Technologien, die bei SSO zum Einsatz kommen, wird im nun folgenden Abschnitt eingegangen.

---

[15] vgl. Koch, 2006

2.4 Technologien

2.4.1 OpenID

OpenID ist ein offener Standard, der ursprünglich aus der Bloggingszene heraus entstand. Hier war es nötig, mit seiner Identität sowohl seinen eigenen Blog zu verfassen, als auch mit ebendieser Identität auf anderen Blogs Kommentare zu hinterlassen. Der Bloggingdienst LiveJournal setzte OpenID erstmals ein[16]. Mittlerweile gibt es die OpenID Foundation, die es zu ihrer Aufgabe erklärt hat, die Identitäten und geistiges Eigentum durch Online Security zu schützen.

Der Standard definiert eine Reihe an Protokollen, die bei der Kommunikation zwischen den Akteuren eingesetzt werden. Die Identifikation des Nutzers erfolgt bei OpenID mittels eines URL und wird als Identifier bezeichnet (URL-basierte Identität). Es gibt keine Restriktionen, wie der URL aufgebaut sein muss. Lösungen wie JOS 3.1.5 erlauben die Verwendung von Subdomains wie „user.openidprovider.com" oder Verzeichnissen wie „openidprovider.com/user" (sog. subdirectory-Modus) als Benutzernamen. Es ist prinzipiell aber auch möglich, Attribute als Parameter zu übergeben, in Form von „openidprovider.com/?benutzer=user"[17].

OpenID erlaubt die Verwaltung mehrerer Identitäten, bei manchen Anbietern auch als Rollen bezeichnet, die dem Nutzerprofil zugeordnet sind. Damit wird der Gedanke des echten Single Sign-On mittels einer einzigen Identität erweitert. Meldet sich der Nutzer bei einem SP an, so erfolgt eine Abfrage des OpenID-Provider (OP), welche Identität mit dem neuen SP verknüpft werden soll. Das ist insofern für den Nutzer von Vorteil, da er mehrere Identitäten mit unterschiedlichen Graden an Information über sich selbst pflegen kann und bestimmt, wie viel ein SP über ihn erfährt. Die Art und Anzahl der Attribute für eine Identität hängt dabei von der jeweiligen AA ab. Hat ein SP spezielle Anforderungen, welche Informationen zwingend zur Anmeldung erforderlich sind, so kann eine Identität erstellt werden, die genau darauf abgestimmt ist. Sobald einmal die Verknüpfung einer Rolle mit einem SA vorgenommen wurde, wird diese bei jeder Anmeldung automatisch angewendet[18].

---

[16] vgl. Powell und Recordon, 2007
[17] vgl. Class, 2009, S. 13
[18] vgl. OpenID, 2010

OpenID erfreut sich stetig steigendem Interesse, da es seit 2008 von Größen wie Yahoo, Microsoft, Versign und IBM verwendet wird oder ihre Dienste darauf aufbauen. Bei diesen Implementierungen handelt es sich jedoch nicht um Relying Parties, der Login mit einer OpenID von Dritten ist also nicht möglich[19].

2.4.2 Kerberos

Kerberos, benannt nach dem Höllenhund aus der griechischen Mythologie, wurde am Massachusetts Institute of Technology (MIT) im Jahr 1983 entwickelt und war eines der ersten Protokolle, die SSO unterstützen. Seit 1993 liegt es in Version 5 vor, die vor allem durch Windows 2000 mit Active Directory bekannt wurde. Einem Kerberos-Server obliegt die Rolle, sich als IdP um die Identitätenverwaltung und Authentifizierung zu kümmern.

Die Kommunikation zwischen den Instanzen erfolgt über sogenannte Tickets, die Zugriffe auf Resourcen steuern. Der IdP fungiert als Key Distribution Center (KDC), welches in der Lage ist, Tickets auszustellen. Erfolgt die Anfrage eines Clients, so ist dies zuerst eine Anfrage auf ein Ticket Granting Ticket, das ihn zum Empfang von Tickets autorisiert. Nach Erhalt dessen kann nun für die Anmeldung an einen Dienst ein Ticket angefordert werden. Ein Client kann auf Vorrat mehrere Tickets anfordern.

Der Zuständigkeitsbereich eines Kerberos-Servers erstreckt sich immer nur auf einen sogenannten Realm und den Diensten, die sich darin befinden. Allerdings kann zwischen unterschiedlichen Realms eine Vertrauensstellung eingerichtet werden, die die Verwendung von Diensten realmübergreifend erlaubt, ohne sich separat authentifizieren zu müssen. In einem Kerberos-Netzwerk ist es zwingend notwendig, dass die Systemzeit aller beteiligten Instanzen synchronisiert ist, da die Tickets mit einem Zeitstempel versehen werden und nur begrenzte Zeit gültig sind. [20].

---

[19] vgl. Arrington, 2008

[20] vgl. Dankoweit:, 2008, S. 483f

2.4.3 SAML

Die Security Assertion Markup Language (SAML) ist ein von dem OASIS-Konsortium entwickeltes XML-Framework und liegt aktuell in Version 2.0 vor. Es ermöglicht den Austausch von Informationen zu Identität, Authentifizierung/Authentisierung, Berechtigungen und Attributen zwischen unabhängigen Organisationen, die durch eine Vertrauensstellung miteinander verbunden sind. Der Transport von sogenannten Assertions (Erklärung siehe unten) kann über SOAP-Nachrichten realisiert werden[21].

Das SAML-Protokoll ist auf Flexibilität und Erweiterbarkeit ausgelegt und wird von anderen Standards eingesetzt. Die folgenden Erläuterungen zu den vier grundlegenden Komponenten von SAML sind der SAML V2.0 Executive Overview, Draft 01, 2005, entnommen[22]:

Assertion Assertion bedeutet übersetzt „Behauptung". Sie bildet die Grundlage einer jeden SAML-Nachricht und wird vom IdP aufgestellt. Sie enthält Elemente, die Aufschluss über den aktuellen Sicherheitskontext geben. Drei Aussagen einer Assertion können unterschieden werden:

- Authentifizierung - Der Identity-Provider stellt Angaben zur Authentifizierung zur Verfügung

- Attribut - Hierin enthalten sind Eigenschaften, die mit einem Subjekt verknüpft sind

- Authentifizierungsentscheidung - Enthält Informationen, ob die Anfrage auf Zugriff einer geschützten Resource beglaubigt oder abgelehnt wurde

Darüber hinaus können Assertions durch nutzerdefinierte Elemente erweitert werden, sollte dies eine Anforderung der Anwendung sein.

Protocols Für die Kommunikation zwischen IdP und SA definiert SAML Protokolle, mit denen Anfragen und Antworten bezüglich Assertions, der Anmeldung eines Clients mit Retournierung seiner Assertions, der Abmeldung eines Clients und sonstige Dinge, die Identity-Management betreffen, gesteuert werden.

---

[21] vgl. OASIS, 2008
[22] vgl. Madsen und Maler, 2005, S. 4

Bindings Bindings legen fest, wie das Mapping von SAML-Nachrichten in standardi-
sierte Nachrichtenprotokolle wie beispielsweise SOAP oder HTTP Redirects zu
geschehen hat.

Profiles Profile beschreiben die Verwendung der Assertions in Verbindung mit unterschiedlichen Protokollen und Bindings in definierten Anwendungsfällen.

SAML ist plattformunabhängig und erlaubt die Abstraktion des Sicherheitsframeworks.
Es untersützt außerdem Identity Federation, also die Verknüpfung von mehreren Identitäten unterschiedlicher IdP, und seit Version 2 auch Single Log-Out. Google verwendet
SAML in seinen APIs, um als SA Dienste wie Google Mail oder Google Calendar anzu-
bieten[23].

2.4.4 Liberty Alliance Project

Das Liberty Alliance Project wurde im September 2001 gegründet. Es stellt ein Framework für SSO-Lösungen dar, das wie OpenID auf offenen Standards basiert (z.b.
wird SAML V2.0 unterstützt). Mittlerweile wird das Projekt nicht mehr aktiv als LAP
fortgeführt, da alle bisherige Arbeit und Materialen der kantara-Initiative zugeführt
wurden. Daher ist auch die Projektseite fortan nur noch read-only und wird nicht mehr
gepflegt[24].

Der Grundgedanke von LAP ist die Möglichkeit, viele unterschiedliche Identitäten
mit unterschiedlichen Credentials miteinander zu verknüpfen. Die so hergestellte Verbindung zwischen ansonsten inkompatiblen Identitäten wird als Identity Federation
bezeichnet. Der große Vorteil besteht darin, die bisher vorhandenen Identitäten weiter
nutzen zu können, und zusätzlich die Vorteile von SSO zu genießen. Voraussetzung für
die Funktionalität ist jedoch ein Circle of Trust, in dem Vertrauensstellungen festgelegt
wurden[25]

LAP hat ein eigenes Framework namens Liberty Alliance Identity Web Service Framework (ID-WSF), das auf SAML aufbaut und SAML-Assertions für die Authentifizierung

---

[23] vgl. Storani, 2008
[24] vgl. LAP, 2010
[25] vgl. Schönberg, 2007, S. 41ff

und Kommunikation von Attributen verwendet[26].

2.4.5 Shibboleth

Shibboleth ist ebenfalls ein standardbasiertes Projekt, wird vom Internet2-Konsortium entwickelt und unter der Apache Software License herausgegeben. Es wurde primär für den Einsatz in Hochschulen und Forschungseinrichtungen konzipiert, und bietet weit mehr Funktionalitäten als nur SSO, wie zum Beispiel Federated Identities und Cross-Domain-Authentifizierung mittels SSL-Zertifikaten.

Das Projekt ist Open Source und basiert auf einer Erweiterung von SAML, der Datenaustausch der SAML-Nachrichten erfolgt mittels Simple Object Access Protocol (SOAP). Shibboleth ist ebenso wie OpenID in der Lage, die Menge der an Anwendungen weitergegebenen Informationen, also die Attribute einer Identität, zu kontrollieren (Identitätsmanagement). Das Anmeldeprozedere von Shibboleth unterscheidet sich von anderen Konzepten dadurch, dass die AA nicht bekannt sein muss, da der SP automatisch zur richtigen AA umleitet. Shibboleth stellt hierfür den sogenannten „Where Are You From"-Verzeichnisdienst zur Verfügung, der für die Auflösung des für einen Nutzer zuständigen IdP zuständig ist. Neben dem Open-Source-Kern des Projekts bestehen noch kommerzielle Erweiterungsmöglichkeiten des Systems[27].

Zu den Organisationen, die Shibboleth einsetzen oder Schnittstellen zur Verfügung stellen, gehören unter anderem Microsoft, Napster, Google Apps und WordPress.

---

[26] vgl. Madsen und Maler, 2005, S. 6
[27] vgl. Internet2, 2010

3 Vergleich Java-basierter Web-SSO-Lösungen

Es existiert heute eine Reihe von Lösungen auf dem Markt, die SSO implementieren. Dieses Kapitel gibt einen kurzen Überblick der wichtigsten Java-basierten OS-Lösungen für Web-SSO, die sofort einsatzbereit sind.

Java wurde gewählt, da diese Programmiersprache weit verbreitet ist und vor allem bei Webapplikationen eine Vormachtstellung innehat. Darüber hinaus ist einer der größten Vorteile von Java die Plattformunabhängigkeit. Die Entscheidung, die Auswahl auf Open-Source zu beschränken, wurde aus zweierlei Gründen gefällt: Zum Einen wird die Auswahl an Lösungen mit Rücksicht auf den Umfang dieser Arbeit reduziert, und zum Anderen sind diese sofort und frei verfügbar, ohne Anschaffungskosten zu verursachen.

Sofern nicht anders angegeben, beziehen sich die dargestellten Information auf Angaben auf der entsprechenden Projektwebsite.

3.1 Vorstellung

3.1.1 JOSSO

Der Name Java Open Single Sign-on (JOSSO) lässt bereits erkennen, dass es sich um ein Java-basiertes System handelt. Es baut auf J2EE und Spring auf. Das Framework bietet einer Vielzahl an Webservern wie Apache und Microsoft IIS Zugriff auf Identitätsspeicher. Das Projekt besteht aus zwei Komponenten, dem Agent (der Serviceprovider) und dem Gateway (der Identitätsprovider). Die Kommunikation erfolgt hierbei über

den Java Database Connector (JDBC) oder LDAP. JOSSO unterstützt SAML und Identity Federation.

Da als Kommunikationsschnittstelle das SOAP-Protokoll via HTTP verwendet wird, lässt sich JOSSO leicht mit nicht-Java-basierten Anwendungen koppeln[28].

3.1.2 CAS

Dieses SSO-System wurde ursprünglich von der Yale Universität mit dem Namen Yale CAS entwickelt, wobei CAS für Central Authentication Service steht. Seit 2004 ist das Projekt in der Jasig-Community (Java Architectures Special Interest Group) aufgegangen und wird dort fortgeführt. JASIG ist laut eigener Beschreibung ein Konsortium von lehrenden Institutionen und kommerziellen Partnern, die Open-Source-Projekte unterstützen.

CAS bietet ein SSO-Framework mit einem eigenen Protokoll, welches sich jedoch erweitern lässt, um mit SAML umgehen zu können[29]. Es ähnelt von der Struktur her dem Kerberos-Protokoll, die Authentifizierung ist tokenbasiert. Bei der Nutzerauthentifizierung wird zunächst ein Ticket Granting Cookie (TGC) ausgestellt, welches dem Nutzer erlaubt, vom CAS-Server ein Service Ticket (ST) zu erhalten. Dieses wiederum benötigt er, um sich an Diensten zu authentifizieren. Bei CAS sind die STs genau für eine Applikation und für eine einzige Anmeldung gültig, danach verfallen sie. Nachdem sie sich nicht als Session-Key eigenen, obliegt es jeder Implementierung von CAS, ihr eigenes Session-Management zu verwenden oder auf Session-Management zu verzichten. Eine Voraussetzung für den Einsatz von CAS ist die Kommunikation über HTTPS, was ein weiteres Sicherheitsmerkmal darstellt[30].

Der Zugriff auf Identitätsspeicher wie Datenbanken oder LDAP-Verzeichnisse erfolgt über AuthenticationHandler, die zuerst per Konfigurationsdatei registriert werden müssen. CAS unterstützt durch serverseitiges Session-Management Features wie Single Sign-Out/Single Log-Off[31].

---

[28] vgl. Storani, 2008
[29] vgl. CAS, 2010
[30] vgl. Novakov, 2006, S. 2f
[31] vgl. Feustel, 2009, S. 4

3.1.3 WebAuth

Die Stanford University steht hinter dem Projekt WebAuth, dessen erste Version im Juli 1997 released wurde. Die aktuelle Java-Implementierung liegt in Version 3.6.2 vor. Die Java-Version wird nicht von der Stanford University selbst betreut, sondern von den Oxford University Computing Services. Die Authentifizierung erfolgt bevorzugt über Kerberos oder einen anderen, von Apache unterstützen, Authentifizierungsmechanismus, die Kommunikation ist tokenbasiert.

Ein wichtiger Bestandteil bei WebAuth ist der WebKDC-Server (Web Key Distribution Center), der mit WebAuth-Application-Servern zusammenarbeitet und als IdP fungiert[32]. WebAuth kann auch als Shibboleth IdP eingesetzt werden.

Neben dem Download von der Projektwebsite ist der Bezug von WebAuth über Debian package repositories möglich.

3.1.4 OpenAM

OpenAM geht aus dem früheren OpenSSO von Sun Microsystems hervor. Das Projekt OpenSSO wird von Oracle nach dem Kauf von Sun nicht mehr weitergeführt werden, die Website ist noch online, aber die Downloadsektion wurde stillgelegt. ForgeRock hat sich dem Projekt angenommen und wird es aus namensrechtlichen Gründen unter der Bezeichnung OpenAM weiterführen[33].

Die Codebasis für OpenSSO/OpenAM bildet der von Sun entwickelte Sun Java System Access Manager, die Authentifizierung erfolgt mit SAML. Das Modell besteht aus vier Diensten, die die SSO-Funktionalität ermöglichen: Authentication Service, Session Service, Policy Service und Logging Service[34]

Eine Besonderheit von OpenAM sind die sogenannten Fedlets, die Serviceanbietern ermöglichen, sich in den Circle of Trust einzugliedern, ohne selbst eine Möglichkeit von

---

[32] vgl. Novakov, 2006, S. 4
[33] vgl. Forgerock, 2010
[34] vgl. Dickson und Nallannagari, 2007

Federation Management zu haben. Fedlets sind eine leichtgewichtige SAML 2.0 Service Provider Implementierung[35].

3.1.5 JOS

Das Projekt wird primär von einem Entwickler aus China vorangetrieben und ist sehr aktiv, Ende April 2010 erschien Version 1.2.1. JOS ist auf einen Servlet-Container angewiesen und benötigt eine relationale Datenbank als Backend. Trotz der überschaubaren Anzahl an Entwicklern und Unterstützern ist der Support in diesem Projekt umfassend, schnell und kompetent.

JOS basiert auf Spring, Hibernate und Velocity und implementiert OpenID (siehe Kapitel 2.4.1) als unterliegenden Standard. Da JOS hierfür auf die OpenID-Bibliothek OpenID4Java zurückgreift, welches die einzige verfügbare Bibliothek ist, die den OpenID-Standard vollständig implementiert[36], bietet JOS Cross-Domain-Support und unterstützt mehrere Identitäten pro Nutzer.

3.2 Vergleichskriterien

Die Kriterien für den Vergleich der vorgestellten Lösungen wurden aus Entwicklersicht selektiert. Sie geben einen Überblick der Struktur und den Features, die für den Einsatz in Webapplikationen ausschlaggebend sind. Die Ergebnisse eines Vergleichs von Björn Feustel aus dem Jahr 2009 wurden teilweise übernommen[37].

Cross-Domain-Support
Besteht Cross-Domain-Support?

Serverumgebung
Welche Serverumgebung wird unterstützt? Apache, Tomcat, IIS, etc?

---

[35] vgl. Feustel, 2009, S. 5
[36] vgl. Class, 2009, S. 51
[37] vgl. Feustel, 2009

GUI

Gibt es eine grafische Oberfläche für die Konfiguration des Systems? Oder muss die Konfiguration per Config-Files vorgenommen werden?

Directory Support

Werden Directories wie LDAP, Active Directory und Kerberos unterstützt?

Clients

Welche Clients werden unterstützt?

SLO

Ist Single Log-Off verfügbar?

Deployment

In welcher Form wird die Software zur Verfügung gestellt?

Clustering

Kann die Software als Clusterlösung betrieben werden (failover)?

Skalierbarkeit

Ist die Software anpassbar? Kann sie ggf. adaptiert werden an spezielle Anforderungen der Webapplikation?

Support

Gibt es Support dafür? Wenn ja, von wem? Hersteller, Community, etc?

Sicherheit

Welche Sicherheitsmaßnahmen gibt es? Ist die Authentifzierung verschlüsselt? Wie erfolgt die Legitimation?

Storage

Wie kann die Software mit Datensenken gekoppelt werden?

Protokolle

Welche Kommunikationsprotokolle werden eingesetzt?

Identity Federation

Wird Identity Federation unterstützt?

Besonderheiten

Gibt es erwähnenswerte Besonderheiten?

3.3 Vergleichsmatrix

Kriterium	JOSSO	CAS	WebAuth	OpenAM/SSO	JOS
Cross-Domain-	ja	ja	ja	ja	ja
Serverumgebung	Apache, Apache Tomcat, Jboss, IIS	Apache, Apache Tomcat, IIS	Apache, kein Support für IIS	Apache, Apache Tomcat, IIS, Jboss, Domino	Apache Tomcat
GUI	ja	nein	nein	ja	ja
Directory Support	LDAP	LDAP kompatibel mit entspr. Authenticators, MS Active Directory, Kerberos	LDAP, Kerberos	LDAP	nein
Clients	PHP, .net	Java, .net, PHP, Perl	Perl, Connector für Java	Java, C, PHP	
SLO	ja		nein	ja	ja
Deployment		Install CAS server (.war) + CAS client	Apache-Module, .jar	.war	.war
Clustering	ja	ja		ja	nein
Skalierbarkeit	Falls kein Support für App-Server: Plugin schreiben		Unterstützt Webserver-Pools	Authentifizierungsmodule	nein
Support	Website, Community, Foren, Mailinglisten	Website, Community, Mailinglisten, Foren	Stanford University, Oxford University Computing, Community, Mailinglisten	Website, Community	Entwickler, Forum
Sicherheit	HTTPS, kann zertifikatbasiert authentifizieren	ohne Modifikation nur HTTPS) URL-Schutz	WebAuth, Kerberos	HTTPS, SAML	HTTPS
Storage	JDBC, XML				jdbc
Protokolle	SOAP, SAML	SAML			SAML
Identity Federation	ja			ja	ja
Besonderheiten		Moodle-Integration			

Abbildung 2: Vergleich der vorgestellten Open-Source-SSO-Lösungen anhand der in 3.2 erarbeiteten Kriterien

3.4 Interpretation des Vergleichs

Möchte man SSO in seinem Applikationskontext einsetzen, gibt die vorangegangene Vergleichsmatrix fundierte Anhaltspunkte. Der Vergleich zeigt: Mit den verfügbaren OS-Implementierungen steht eine Vielzahl von Auswahlmöglichkeiten für die Realisierung von SSO zur Verfügung. Die Architekturen sind sich im Prinzip äusserlich sehr ähnlich, unterscheiden sich aber in ihrem Funktionsumfang.

Die hier vorgestellten SSO-Lösungen bieten durch Open-Source den Vorteil, dass sie keine Anschaffungskosten verursachen. Sie sind allesamt robust, da sie einen fortgeschrittenen Entwicklungsstand aufweisen. Jede der Lösungen hat das Betastadium hinter sich gelassen, was den Rückschluss zulässt, dass die Software zuverlässig und fehlerfrei läuft. Die hohe Aktivität in den Projekten spricht ebenso für ein hohes Maß an Qualtität, da durch rasche Updates Fehler zeitnah behoben werden können. Durch den umfangreichen Support durch die Hersteller selbst oder die Community eines jeden Projekts sollten sich dennoch auftretende Probleme schnell beseitigen lassen.

Alle hier verglichenen Lösungen laufen auf dem Apache Webserver und bieten sowohl Cross-Domain- als auch Identity-Federation-Unterstützung, das bedeutet sie können auch in seitenübergreifenden Anwendungen eingesetzt werden. Auch Clustering wird weitestgehend unterstützt, was Redundanz und Ausfallsicherheit bedeutet. Zur Sicherung der Kommunikation bietet sich an, die Verbindungen über HTTPS laufen zu lassen, um das Ausspähen von sensiblen Daten in Tickets oder von Nutzerinformationen zu verhindern.

Bis auf JOS verfügen alle SSO-Lösungen über die Möglichkeit, auf Directories wie LDAP zuzugreifen. Auch die Kopplung an Datenbanken mittels JDBC stellt kein Problem dar. Umgekehrt ist es vor allem bei CAS einer Vielzahl von Clients möglich, auf den Dienst zuzugreifen. Implementierungen existieren für Java, .net, PHP und Perl. Die Verwendung von Protokollen wie SOAP erlaubt die einfache Kommunikaton mit nicht-Java-Anwendungen.

Ist die Webapplikation noch in der Konzipierungsphase, so gestaltet sich die Anpassung der beiden Komponenten aneinander wesentlich einfacher und die Einflußmöglichkeiten sind größer, es besteht mehr Spielraum zur Entwicklung von anwendungsspezifischen

Features. Die Wahl des Systems wird sich nach den Anforderungen des Projekts richten.

Im Gegensatz hierzu steht die Integration von SSO in eine bereits bestehende Infrastruktur. Hier kann es vonnöten sein, umfassende Änderungen an der Programmlogik durchzuführen. Gibt es mehrere Infrastrukturen, die man mittels SSO zusammenlegen möchte, so bedarf es einer Konsolidierung der unterschiedlichen Datensätze, z.B. durch die Schaffung eines virtuellen Verzeichnisses.

Anbei noch ein Anwendungsbeispiel aus der Praxis: Im Zuge der Praktikumstätigkeit bei Traveliva, einem Dienstleister im Bereich Flugreisen, wurde ein Preisalarm implementiert, der anhand der gemachten Angaben des Nutzers zu gewünschter Strecke, Flugdatum und Preisobergrenze aus dem Flugplan entsprechende Angebote herausfiltert und die Ergebnisse in festlegbaren Intervallen per Email an den Nutzer schickt.

Hier stellte sich die Frage nach einer geeigneten SSO-Lösung, um möglichst unkompliziert einen Loginbereich zu implementieren (die Website hat bisher noch keinen abgeschlossenen Benutzerbereich). Die Wahl fiel auf JOS, einem Java-basierten OpenID-Server (beschrieben in Kapitel 3.1.5). Die Entscheidung wurde vor allem beeinflusst durch die bei JOS verwendeten Frameworks Spring und Hibernate, die mit der des Portals übereinstimmen und somit eine nahtlose Integration ermöglichen.

4 Fazit und Ausblick

Hat sich der Entwickler der Webapplikation für eine Lösung entschieden und implementiert diese in das Gesamtkonzept, so bedarf es dennoch mehr als lediglich der tech-
nischen Realisierbarkeit, um mit dem verfolgten Ansatz Erfolg zu haben. Um Nutzer
nicht abzuschrecken vor neuen Anmeldesystemen, und vor allem um die Anmeldung
zu ermöglichen, falls der in Kapitel 2.3.2 Fall des Single-Point-of-Failure eintritt und
einen Ausfall des Anmeldesystems zur Folge hat, bedarf es zur Sicherheit dem par-
allelen Betrieb einer lokalen Anmeldemöglichkeit, die es erlaubt, sich direkt auf der
Plattform anzumelden und den SSO-Prozess zu umgehen. Das bedeutet jedoch auch,
eine weitere, von SSO unabhängige Datenbank mit Nutzerdaten zu führen. Das ist
insofern komplizierter, als es sich anfangs darstellt, da der SP, wie in den Grundlagen
erklärt, die Anmelde-Credentials niemals erhält. Er kann höchstens bei der Anmeldung
auf die Übermittlung einer Identität des Nutzers von der AA bestehen, die ihm alle
gewünschten Informationen verschafft. Hierzu muss er allerdings ein System einsetzen,
das diese Möglichkeit der attributbasierten Identitätsabfrage unterstützt.

Einen anderen Ansatz, diese Problematik zu lösen, liefert eine der mit über 400 Millio-
nen Nutzern (Stand Februar 2010) größten und meistgenutzten Plattformen weltweit:
Facebook[38]. Hier gibt es in den Einstellungen des Profils die Möglichkeit, den Account
mit anderen Diensten zu verknüpfen - im Moment sind das laut Auswahldropdown
Google, MySpace, Yahoo, Myopenid, Verisign PIP und OpenID. Hier verhält es sich also
genau umgekehrt: Das Konto muss zuerst bei dem SA bestehen, und nicht beim IdP.

Verknüpft man nun beispielsweise eine OpenID mit dem Facebookkonto, passiert
bei Aufruf der Startseite folgendes: Ist der Haken „remember me" auf der Startseite von Facebook gesetzt, und hat der Nutzer eine OpenID hinterlegt, versucht Facebook mittels des in einem Cookie hinterlegten Benutzernamens und dem sogenannten

---

[38] vgl. Zuckerberg, 2010

„checkid_immediate"[39] bei dem entsprechenden OpenID-Provider anzufragen, ob der Benutzer zur Zeit eingeloggt ist, und loggt ihn bei einer positiven Antwort entsprechend auch auf Facebook selbst ein. Die Integration in das Benutzerprofil löst auch zwei weitere Probleme: Erstens ist die Anmeldeseite nicht überladen mit einer Reihe von unterschiedlichen Eingabefeldern für die steigende Zahl an Identity-Providern, und zweitens entfällt die abschreckende Wirkung auf Nutzer, die sich nicht mit SSO-Lösungen auskennen.

Martin Weigert, einer der Autoren bei netzwertig.com[40], war vor gut einem Jahr der Ansicht, dass SSO endlich einen Durchbruch erleben und von der breiten Masse akzeptiert werden würde[41]. Er führt das unter anderem darauf zurück, dass vor allem Lösungen wie Facebook connect einer großen Menge an Internetnutzern die Möglichkeit in die Hand gibt, sich auf anderen Websites mit ihrer Facebook-Identität anzumelden. Und viele große Websites wie die Washington Post oder Vimeo implementieren bereits diese Funktionalität. Ob dieses Angebot auch tatsächlich genutzt wird, geht allerdings nicht aus dem Artikel hervor. Er bemängelt jedoch die Akzeptanz von SSO im deutschsprachigen Raum und bezichtigt diejenigen Anbieter, die noch kein SSO auf ihrer Website anbieten, sondern auf die klassische lokale Anmeldung setzen, des Silo-Denkens. So weit muss man nicht gehen, denn als augenscheinlicher Early-Adopter scheint er die Skepsis vor neuen Technologien des Otto Normalverbrauchers genauso ausser Acht zu lassen wie etwaige Sicherheitsbedenken.

Auf die Sicherheit, vor allem was die Anmeldemethoden anbelangt, sollte bei der Entwicklung besonderes Augenmerk gelegt werden. Schließlich ist die Anmeldung der Kernpunkt von SSO, und gleichzeitig auch die größte Schwachstelle. Die Risiken, die sich mit SSO ergeben, kann man teilweise beseitigen, indem man nicht nur auf die Standardauthenfizierungsarten wie eine Nutzername-Passwort-Kombination einsetzt, sondern zusätzlich noch andere Systeme verwendet und damit zum Einen die Sicherheit, zum Anderen die Qualität der Identifikation erhöht. Neben der wissensbasierten Authentifizierung kann noch auf besitzbasierte Authentifizierung wie durch Smartcards und digitale Zertifikate, sowie auf eigenschaftenbasierte Authentifizierung wie

---

[39] checkid_immediate ist laut der Spezifikation von OpenID 2.0 eine Anfrage, die keine Nutzerinteraktion erlaubt, sondern vom Server direkt eine Antwort zurückliefert, ob ein Nutzer eingeloggt ist oder nicht

[40] netzwertig.com ist ein Blog, der sich mit Internet-Ökonomie beschäftigt und Entwicklungen der Internet-Wirtschaft verfolgt

[41] vgl. Weigert, 2009

Fingerabdrücke zurückgegriffen werden[42]. Dies geht aber wiederum zulasten des Bedienkomforts für den Nutzer, und der Anbieter sieht sich einem erhöhten Aufwand für den Betrieb des Systems gegenüber.

Risiken wie die Gefahr, dass ein IdP Nutzerprofile erstellt (siehe Kapitel 2.3.2), lassen sich hingegen nur schwer beseitigen. Die Registrierung bei mehreren, unterschiedlichen Anbietern, nur um pro Anbieter weniger Spuren zu hinterlassen, würde den Vorteil, den man mit SSO genießt, zunichte machen und das Prinzip des SSO ad absurdum führen.

Abschließend bleibt zu sagen: Der Einsatz von SSO im Internet macht durchaus Sinn. Die Technologien sind vorhanden und weitestgehend ausgereift, sie werden kontinuierlich weiterentwickelt, sie werden auch in zunehmenden Maße eingesetzt, da die Vorteile die Nachteile überwiegen - doch letzten Endes entscheidet allein die Akzeptanz der Benutzer über deren Verbreitung. Viele Menschen, die sich über Datenschutz Gedanken machen, dürften bei SSO ihre Bedenken haben. Es gilt schließlich abzuwägen, seine privaten Daten einem System anzuvertrauen, das weitreichendere Verknüpfungen erlaubt als der lokale Login zu einer Resource, und somit die vermeintliche Sicherheit, die durch viele unterschiedliche Passwörter suggeriert wird, gegen Bequemlichkeit einzutauschen. Andererseits steht es jedem Nutzer frei, wie viele Informationen er von sich preisgibt.

---

[42] vgl. Rehman, 2008, S. 47

Quellenverzeichnis

Arrington 2008
ARRINGTON, Michael: *OpenID Welcomes Microsoft, Google, Verisign and IBM.* URL. http://techcrunch.com/2008/02/07/openid-welcomes-microsoft-google-verisign-and-ibm/. Version: Februar 2008, Abruf: 29.06.2010 (zitiert auf Seite 11).

CAS 2010
CAS: *CAS SSO.* URL. http://www.jasig.org/cas. Version: April 2010, Abruf: 25.06.2010 (zitiert auf Seite 16).

Class 2009
CLASS, Jakob: *Integration eines Single-Sign-On-Verfahrens in ein Java-basiertes Web Kollaborationswerkzeug,* TU München - Fakultät für Informatik, Bachelorarbeit in Informatik, November 2009 (zitiert auf den Seiten 5, 7, 10 und 18).

Dankoweit: 2008
DANKOWEIT:, Jürgen: *Benutzer im Unix-Netz: Authentifizierung und Single-Sign-on.* C & l Computer- U. Literaturverlag, 2008. – ISBN 9783936546477 (zitiert auf Seite 11).

Dickson und Nallannagari 2007
DICKSON, Craig ; NALLANNAGARI, Naveen: *Fast and Free SSO: A Survey of Open-Source Solutions to Single Sign-On.* 2007 (zitiert auf Seite 17).

Feustel 2009
FEUSTEL, Björn: *Vergleich von Java-SSO-Lösungen.* (2009), Juni (zitiert auf den Seiten 16 und 18).

Forgerock 2010
FORGEROCK: *OpenAM - Authenticate - Authrise - Federate.* URL. http://www.forgerock.com/openam.html. Version: Juni 2010, Abruf: 29.06.2010 (zitiert auf Seite 17).

Internet2 2010
INTERNET2: *What is Shibboleth and how does it work?* URL. http://shibboleth.internet2.edu/about.html. Version: 2010, Abruf: 26.06.2010 (zitiert auf Seite 14).

Koch 2006

KOCH, Christian: *Single Sign On – Komfort für den Benutzer oder ein Sicherheitsrisiko?*
URL. http://www.securitymanager.de/magazin/artikel_996_single_
sign_on_komfort_fuer_den_benutzer_oder.html. Version: Mai 2006, Abruf: 29.06.2010 (zitiert auf den Seiten 5 und 9).

LAP 2010

LAP: *Liberty Alliance Project.* URL. http://www.projectliberty.org/.
Version: März 2010, Abruf: 16.06.2010 (zitiert auf Seite 13).

Madsen und Maler 2005

MADSEN, Paul ; MALER, Eve: SAML V2.0 Executive Overview / Oasis-Open.org.
2005. – Draft (zitiert auf den Seiten 12 und 14).

Mink 2003

MINK, Martin: *Sicheres Single Sign-On für Webdienste,* TU Darmstadt, Diss., April 2003
(zitiert auf Seite 8).

Nockemann 2008

NOCKEMANN, Christian: *Einsatz von Single-Sign-On-Technologien im Rahmen der
Integration von E-Learning-Anwendungen,* Westfälische Wilhelms-Universität Münster,
Ausarbeitung, 2008 (zitiert auf den Seiten 6 und 7).

Novakov 2006

NOVAKOV, Ivan: Web Single Sign-On Systems / Cesnet. 2006 (21/2006). – TechReport
(zitiert auf den Seiten 16 und 17).

OASIS 2008

OASIS: SAML V2.0 Technical Overview / OASIS. 2008. – Commitee Draft (zitiert
auf Seite 12).

OpenID 2010

OPENID: *OpenID.* URL. http://openid.net/. Version: April 2010, Abruf:
26.06.2010 (zitiert auf Seite 10).

Powell und Recordon 2007

POWELL, Andy ; RECORDON, David: *OpenID: Decentralised SSO for the Web.* URL.
http://www.ariadne.ac.uk/issue51/powell-recordon/. Version: April
2007, Abruf: 26.06.2010 (zitiert auf Seite 10).

Rehman 2008

REHMAN, Rafeeq U.: *The OpenID Book.* Conformix Technologies Inc., 2008. – ISBN
9780972403122 (zitiert auf Seite 25).

Rummeyer und Düsterhaus 2006
RUMMEYER, Oliver ; DÜSTERHAUS, Jörg: *SSO frei Haus*. URL. http:
//entwickler.de/zonen/portale/psecom, id, 101, online, 910, p, 0.
html. Version: September 2006, Abruf: 04.06.2010 (zitiert auf Seite 8).

Sams 2008
SAMS, Bruce: *Single-Sign-On-Systeme*. URL. http://it-republik.de/
jaxenter/artikel/Single-Sign-On-Systeme-1502.html. Version: Januar
2008, Abruf: 13.06.2010 (zitiert auf den Seiten 5 und 7).

Schönberg 2007
SCHÖNBERG, Marc: *Single Sign-On-Technologien für das WWW*, Universität Hamburg,
Diss., September 2007 (zitiert auf den Seiten 6, 7 und 13).

Storani 2008
STORANI, Maurizio: *SSO - Concepts, Methods and Frameworks*.
URL. http://mauriziostorani.wordpress.com/2008/07/21/
single-sign-on-sso-concepts-methods-and-frameworks/. Version: Juli
2008, Abruf: 28.06.2010 (zitiert auf den Seiten 13 und 16).

The Open Group 2010
THE OPEN GROUP: *Single Sign-On*. URL. http://www.opengroup.org/
security/l2-sso.htm. Version: 2010, Abruf: 30.06.2010 (zitiert auf Seite 4).

Weigert 2009
WEIGERT, Martin: *SSO - 2009 ist das Jahr des Durch-
bruchs*. URL. http://netzwertig.com/2009/07/06/
single-sign-on-2009-ist-das-jahr-des-durchbruchs/. Version: Juli
2009, Abruf: 17.06.2010 (zitiert auf Seite 24).

Yacano und Lynch 2007
YACANO, Peter ; LYNCH, Kathy: Once Is Enough: Single Sign-On, 2007 (zitiert auf
Seite 1).

Zuckerberg 2010
ZUCKERBERG, Marc: *Six years of making connections*. URL. http://blog.facebook.
com/blog.php?post=287542162130. Version: Februar 2010, Abruf: 24.06.2010
(zitiert auf Seite 23).